高氏手書勤禮碑

字帖

高文阁 著

辽宁美术出版社

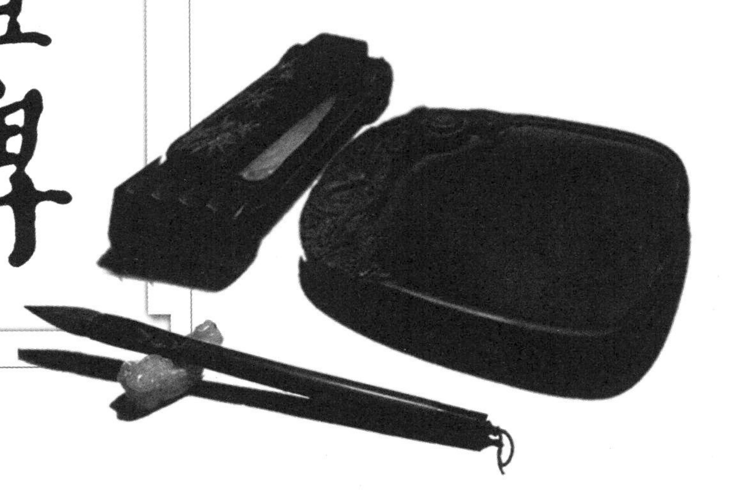

图书在版编目（CIP）数据

高氏手书勤礼碑字帖 / 高文阁著. — 沈阳 : 辽宁美术出版社，2016.7
ISBN 978-7-5314-7290-2

Ⅰ. ①高… Ⅱ. ①高… Ⅲ. ①楷书—法贴—中国—现代 Ⅳ. ①J292.28

中国版本图书馆CIP数据核字(2016)第160524号

出 版 者：辽宁美术出版社
地 址：沈阳市和平区民族北街29号 邮编：110001
发 行 者：辽宁美术出版社
印 刷 者：沈阳博雅润来印刷有限公司
开 本：889mm × 1194mm 1/12
印 张：9
字 数：50千字
出版时间：2016年9月第1版
印刷时间：2016年9月第1次印刷
责任编辑：严 赫
封面设计：林 枫
责任校对：郝 刚 黄 鲲
ISBN 978-7-5314-7290-2

定 价：42.00元

邮购部电话：024-83833008
E-mail:lnmscbs@163.com
http://www.lnmscbs.com
图书如有印装质量问题请与出版部联系调换
出版部电话：024-23835227

出版说明

《高氏手书勤礼碑》字帖的出版，是为了让广大初临勤礼碑的书法爱好者辨清笔锋和刀锋（用刀刻在石碑之字）的差异，现将己见分析如下：

一、初学勤礼碑帖为什么把字临得和字帖相似了还是不好看呢？其因是帖之病还是临者之病？我认为两者皆有，因为碑帖是用刀按照颜真卿的墨迹加工而成的，所以字迹全者棱角分明，笔锋变成了刀锋。

二、再如颜勤礼碑，因其字佳，拓者甚为更兼时间分化，真面微存，初学者只临其像，不求变通，却称刀工之字有“力”，称腐残之字为古朴，所学数载未能走出残碑的困境，书者亦然如此，俯看则可，若要悬挂灵气全无，只存伤痕累累残碑字的“照像”。

三、那么怎么样才能离去刀锋走出历史？书者认为首先要了解颜书所有的笔、墨、纸，这是块入古帖(颜勤礼碑）的敲门砖，入门后在理解残碑的字迹的基础上加以修复残字，因其骨补其肉，因其型完其体（即：字似人体之体），外护以皮肤，内充以气血，以适饰其容，使所书之字，为足者可步，为臂者可挥，为目者可顾的自然而有趣的活体书法，否则僵尸。

为了弘扬世界非物质文化遗产——中国书法，为满足初学者对颜勤礼碑手书的认识，现将本人积累四十年的经验凝取于笔端，敬书“颜勤礼碑帖”全文，《高氏手书勤礼碑》仅供初学者参考。

唐故祕書
著省作郎
夔州都督
府長史上

護軍顏君
神道碑
曾孫魯郡
開國公真

卿撰并書
君諱勤禮
字敬琅邪
臨沂人高

祖諱見遠
齊御史中
丞梁武帝
受禪不食

數日一慟
而絕事見
梁齊周書
曾祖諱協

梁湘東王
記室參軍
苑有傳祖
諱之推北

齊給事黃
門侍郎隋
東宮學士
齊書有傳

始自南入
北分為京
兆長安人
父諱思曾

博學善屬
文尤工詁
訓仕隋司
經局校書

東宮學士
長寧王侍
讀與沛國
劉臻辯論

經義臻屈
焉齊書黃
門傳云集
序君自作

後加踰岷
將軍太宗
爲秦王精
選僚屬拜

記室衆軍
儀同娶御
正中大大
殷英童女

英童集呼
顏郎是也
更唱和者
二十餘首

温大雅傳
云初君在
隋與大雅
俱仕東宮

弟懸楚與
彥博同直
內史省懸
楚弟遊秦

與彥將俱
典祕閣二
家兄弟各
爲一時人

物之選少
時學業顏
氏為優其
後職位溫

氏為盛事
具唐史君
君幼而朗
晤識量弘

逮工於篆
籀尤精詁
訓祕閣司
經史籍多

所列定義
寧元年十
一月從太
宗平京城

授朝散正
議大大勳
解褐秘書
省校書郎

武德中授右領左右府鎧曹參軍九年十

一月授經
車都尉無
直祕書省
貞觀三年

六月兼行
雍州參軍
事六年七
月授著作

佐郎七年
六月授詹
事主簿轉
太子內直

監館廢王
加學出文
崇士補學
賢宮蔣弘

文館學士
永徽元年
三月制曰
具官君學

藝優敏宜
加將擢乃
拜陳王屬
學士如故

遷曹王友
無何拜秘
書省著作
郎君與兄

秘書監師
古禮部侍
郎相時齊
名監與君

同時爲崇
賢弘文館
學士禮部
爲天冊府

學士弟太
子通事舍
人育德又
奉令於司

經局挍定
經史太宗
嘗圖書崇
賢諸學士

命監爲讚
以君與監
兄弟不宜
相褒述巧

命中書舍
人蕭鈞贊
述之曰依
仁服義懷

文守一履
道自居下
惟終日德
彰素里行

成蘭室鶴
籥馳譽龍
樓委質當
代榮之六

李以後夫
人兄中書
公柳奭親
累貶夔州

都督府長
史明慶六
年加上護
軍君安時

處順悟無
愠色不幸
遇疾傾逝
于府之官

舍既而旋
窆于京城
東南萬年
縣寧安之

鄉之鳳栖
原先夫人
陳郡殷氏
暨柳夫人

同合祔焉
禮也七子
昭肅晉王
曹王侍讀

贈華州刺
史事具真
卿所撰神
道碑敬仲

入部郎中
事具劉子
玄神道殆
庶無慍辟

非少連務
滋皆著學
行以柳令
外甥不得

仕進孫元
孫舉進士
考功員外
劉奇特摽

陽之名動
海內從調
以書判入
高等者三

累遷太子
舍人屬玄
宗監國專
掌令畫滌

沂豪三州
刺史贈秘
書監惟貞
頗以書判

入高等一
纖赤尉丞
太子文學
薛王友贈

國子祭酒
太子少保
德業具陸
據神道碑

會宗襄州
黎軍孝友
楚州司馬
澄左衛翊

衛潤倜儻
涪城尉曾
孫春鄉工
詞翰有風

義明經拔
華犀浦蜀
二縣尉故
國相蘇頲

舉茂才又
爲張敬忠
劍南節判
度官偃師

丞吏烈太
果幹有常
卿累清丞
忠遷識攝

常山太守
殺逆賊安
祿山將李
欽湊開土

門擒其心
手何千年
高邈遷衛
尉卿兼御

史中丞成
守陷賊東
京遇害楚
妻祭下詈

言不絕贈
太子太保
謚曰忠曜
御工詩善

草隸十六
以詩學直
崇文館淄
川司馬旭

卿善草書
胤山令茂
曾納言敏
行頌工篆

籀鞬爲司
馬闕疑仁
孝善詩春
秋杭州

軍允南工
詩人皆諷
誦之善草
繹書判頻

入等第歷
左補闕殿
中侍御史
三爲郎官

國子司業
金鄉男高
卿仁厚有
建材富平

尉真長耿
介舉明經
幼輿敦雅
有醞藉通

班漢書左
清道率府
兵曹真御
舉進士挍

書郎舉文
詞秀逸醴
泉尉黜陵
使王鉷以

清白名聞
七爲憲官
九爲省官
荐爲節度

採訪觀察
使曾郡公
允臧敦實
有吏能舉

縣令宰延
昌門爲御
史充太尉
郭子儀判

官江陵少
尹荊南行
軍司馬長
卿晉卿邠

卿充國賓
多無早世
名卿僩信
伋倫竝爲

武官玄孫
紘通義尉
沒于釁泉
明孝義有

吏道父開
士門佐其
謀彭州司
馬威明邛

州司馬李
明子幹沛
詡頵皋翻
男誕及君

外曾孫沈
盈盧逖並
爲逆賊所
害俱蒙贈

五品京官
濬好屬文
翹華正顇
竝早夭頹

好五言校
書郎題仁
孝方正明
經大理司

直亢張萬
頃嶺南營
田判官顗
鳳翔參軍

頌通悟頌
善隸書太
子洗馬鄭
王府司馬

竝不幸短
命通朙好
屬文頂城
尉翽溫泣

丞龍綿州
參軍龍監
亭尉顯仁
和有政理

蓬州長史
慈明仁順
幹蠱都水
使者穎介

直河南府
法曹頔奉
禮郎領江
陵參軍領

當陽主簿
須河中叅
軍頂衛尉
主簿顧左

千頤類竝
京兆參軍
穎須領竝
童稚來仁

自黃門御
正至君父
叔兄弟臯
子姪楊庭

益期昭甫
強學十三
人四世爲
學士侍讀

事見柳芳
續韋絕殷
寅著姓略
小監少保

以德行詞
翰爲天下
所推春卿
杲卿曜允

南而下臯
君之從光
庭千里康
成希莊曰

損隱朝匡
朝昇痒恭
敏鄰幾元
淑溫之舒

順勝怡渾
允濟挺式
宣韶等
以名德著

述學業文
翰交映儒
林故當代
謂之學家

非夫君之
積德累仁
貽謀有裕
則何以流

孩集蔡不
交過庭之
訓晚暮論
譔莫追長

老之口故
君之德美
多恨闕遺
銘曰

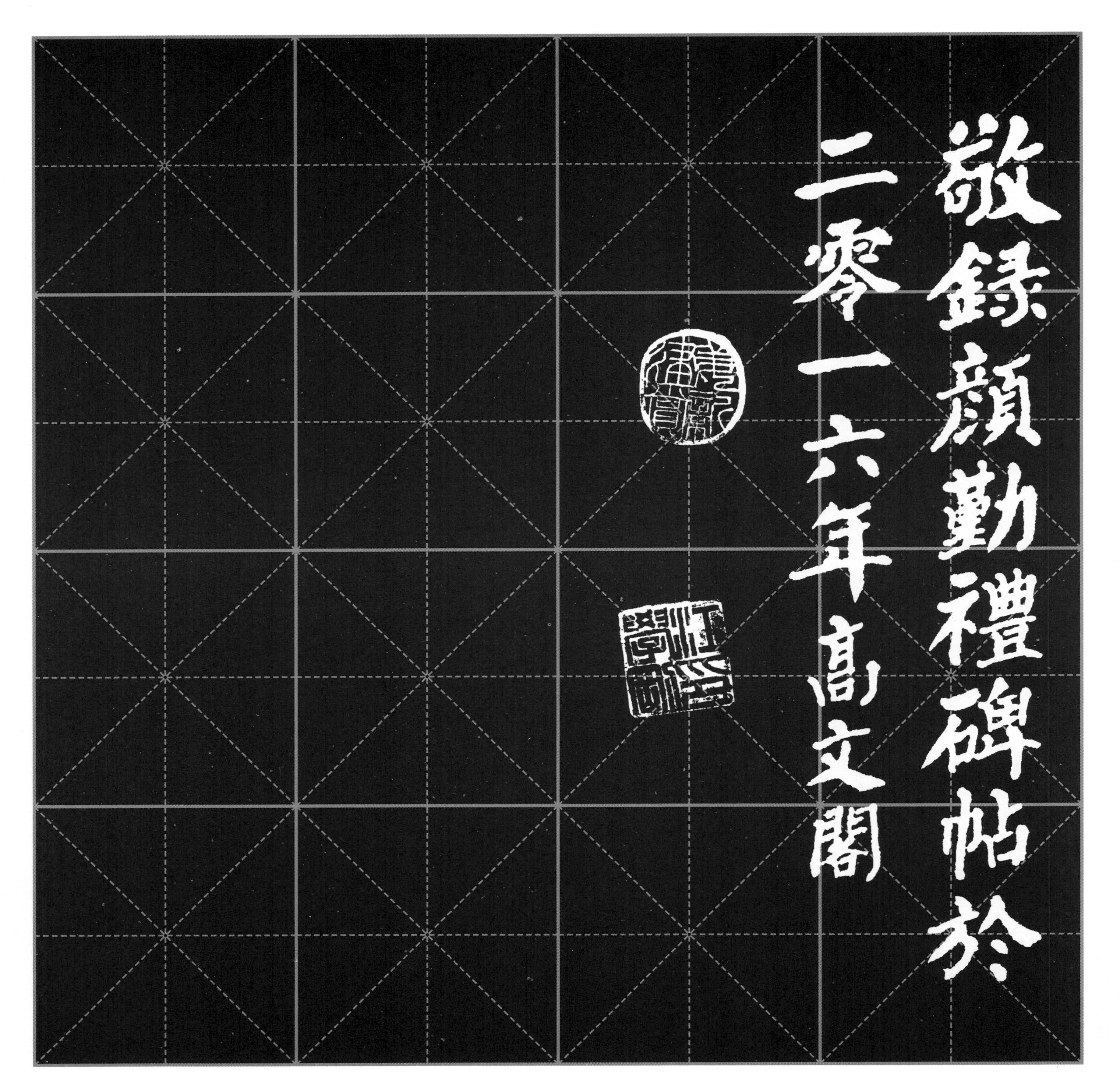
敬錄顏勤禮碑帖於
二零一六年高文閣